nickelodeon

PAW PATROL

CAMPAMENTO DE VERANO

Cuaderno de vacaciones 3-4 AÑOS

Papel certificado por el Forest Stewardship Council®

MIXTO
Papel procedente de fuentes responsables
FSC® C117695

Penguin Random House Grupo Editorial

Primera edición: mayo de 2022

Printed in Spain – Impreso en España

ISBN: 978-84-488-6109-4
Depósito legal: B-3263-2022

Realización editorial: MYR Servicios Editoriales S.L.
Impreso en Talleres Gráficos Soler,
Esplugues de Llobregat (Barcelona)

BE 6 1 0 9 4

INFORMACIÓN PARA LOS PADRES Y EDUCADORES

El cuaderno de vacaciones de la Patrulla Canina reúne actividades que combinan diferentes materias y potencian diversas habilidades.

Entre los tres y cinco años, el desarrollo físico y cognitivo del niño experimenta grandes cambios, potenciados por el inicio de la escolarización, el desarrollo psicomotor y el avance en la adquisición del lenguaje. A esta edad, también se enriquecen las experiencias del niño y su socialización.

En esta etapa se amplía el círculo social del niño más allá del núcleo familiar. La interacción con otros niños y niñas es fundamental para el desarrollo social y emocional.

Las actividades del cuaderno abordan diferentes áreas temáticas que se trabajan desde diversos enfoques a fin de facilitar el aprendizaje y mantener la atención desde una perspectiva lúdica.

En el cuaderno se trabajan estas competencias, entre otras: expresión plástica, iniciación a la lectoescritura, comprensión, desarrollo de la concentración, reconocimiento de números y formas geométricas y práctica de la motricidad fina.

Algunos consejos para la utilización del cuaderno:

Buscar el momento adecuado para realizar las actividades.
Participar con el niño en la resolución de los ejercicios. Leerle los enunciados.
Incentivar la creatividad y la imaginación.
Aplaudir los progresos y valorar el esfuerzo.
Considerar el error como una oportunidad de avance.
Al final del cuaderno encontrarás ideas para ampliar las actividades.

A de árbol

Sigue las letras con el dedo.
Después, trázalas con el lápiz.

árbol

Pinta los dibujos que llevan la letra **A** en su nombre.

manzana

pera

pimiento

¡Allá vamos!

Traza la línea de puntos hacia arriba. Luego, traza la línea de puntos hacia abajo. ¿Qué hacen los cachorros?

Aprende el 1 y el 2

Los cachorros no paran. Cuando no están en una misión, se lo pasan genial jugando. Traza los números.

La próxima vez que vayas al parque, observa si hay alguna mariposa revoloteando.

Busca estos objetos en la escena.
Escribe cuántos hay.

1 ☐ 2 ☐

1 ☐ 2 ☐

Descubre el... rojo

El uniforme de Marshall es de color rojo. Pinta su casco de color rojo.

Traza una línea alrededor de las galletas rojas.

Juega fuera del cuaderno

¡En acción!

Haz de detective como Chase y busca en casa estos objetos.

2

2

2

1

1

Conoce el círculo

Ryder ha reunido a la Patrulla en el Centro de Mando. Tiene una misión para ellos: rescatar a un amigo en apuros. Sígue el círculo con el dedo y trázalo con el lápiz.

Busca en la escena las imágenes de estos **círculos**.

En esta página hay un objeto que empieza por la letra A. Cuando lo veas, di su nombre en voz alta.

Señala en la imagen un **círculo** rojo.
¿Qué otros **círculos** ves?

E de escalera

Sigue las letras con el dedo. Después, trázalas con el lápiz.

escalera

Escribe las letras que faltan en el nombre de esta cachorrita. Coloréala.

Everest

Di en voz alta los nombres de tus amigos. Cada vez que digas uno que lleve la E, da una palmada.

Juega fuera del cuaderno

Juega con tus amigos al escondite. Lo primero que tenéis que hacer es elegir una canción que todos conozcáis.

1 UNO DE VOSOTROS HACE DE BUSCADOR. TIENE QUE TAPARSE LOS OJOS Y CANTAR LA CANCIÓN QUE HABÉIS ELEGIDO.

2 MIENTRAS EL BUSCADOR CANTA, LOS OTROS JUGADORES BUSCAN CADA UNO UN SITIO DONDE ESCONDERSE.

3 CUANDO ACABA LA CANCIÓN, EL BUSCADOR INTENTA ENCONTRAR A LOS DEMÁS JUGADORES.

4 EL PRIMER JUGADOR QUE ENCUENTRE SERÁ EL NUEVO BUSCADOR Y EL JUEGO COMENZARÁ OTRA VEZ.

Aprende el 3 y el 4

Es día de carreras en el circuito de Bahía Aventura. Los cachorros se esfuerzan al máximo para ganar el premio.

Busca en la imagen un elemento que no debería estar allí. Luego, camina como él.

«Hay más globos que conos.» ¿Sí o no?
Marca la casilla correcta.

SÍ ☐ NO ☐

¿Cuántos miembros de la Patrulla compiten en la carrera?

3 ☐ 4 ☐

Descubre el... azul

¡Chase siempre alerta!
El uniforme y la gorra de Chase son de color azul.

¿Cuál es el saco de dormir de Chase?
Es del mismo color que la gorra.

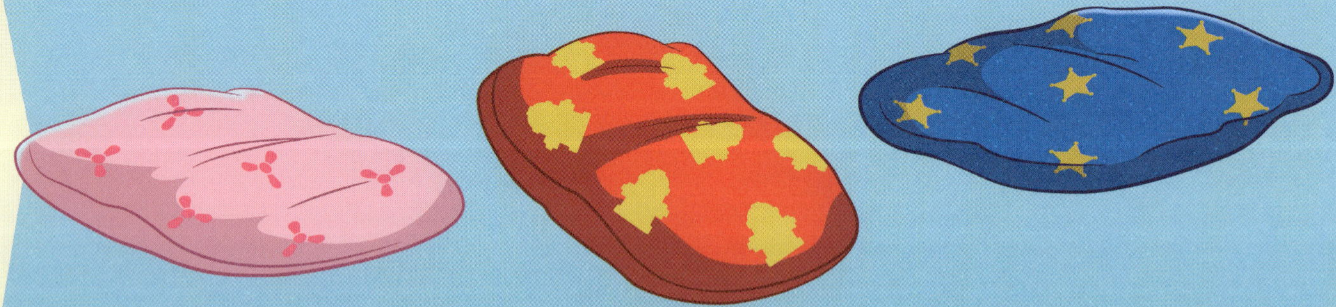

¡Al agua, focas!

Observa las dos imágenes y encuentra las 4 diferencias. Pinta un pez de color azul cada vez que encuentres una.

Conoce el cuadrado

El señor Potter necesita ayuda para tenerlo todo listo cuando lleguen los invitados a la fiesta. ¡Patrulla, todos a una! Sígue el cuadrado con el dedo y trázalo.

Pinta los **cuadrados** de las respuestas correctas.

¿Quién carga 2 cajas de palomitas?

 ☐  ☐

¿Quién trae las tostadas?

 ☐  ☐

Señala en la imagen todos
los **cuadrados** que veas.

I de iglú

Sigue las letras con el dedo. Después, trázalas con el lápiz.

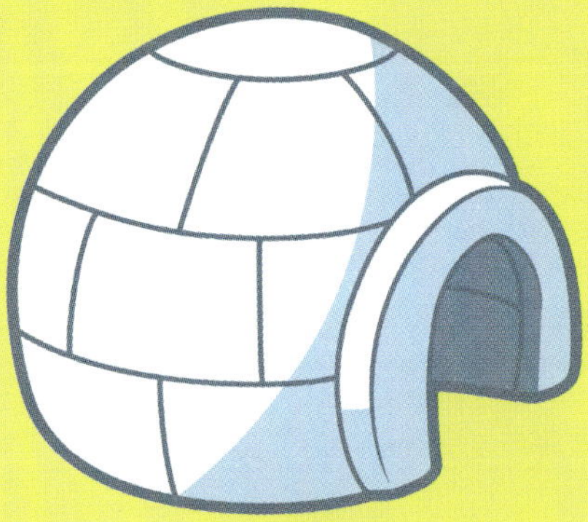

iglú

Escribe las letras que faltan en estas palabras. Di los nombres en voz alta.

bicicleta

batería

¡Cabalga las olas!

Sigue con el dedo los movimientos de las olas. Luego, traza las líneas con el lápiz.

suave

agitada

grande

Haz como si tuvieras que mantener el equilibrio sobre una tabla de surf.

Aprende el 5 y el 6

¡Los conejos de la granja de Yumi se van a comer todas las zanahorias! La Patrulla Canina acude al rescate. Traza los números.

Busca estos elementos en la imagen y pinta el círculo cuando los veas.

- ◯ 1 corderito
- ◯ 2 canastas de manzanas
- ◯ 3 paquetes de paja
- ◯ 4 barriles
- ◯ 5 conejitos
- ◯ 6 pollitos

Descubre el... amarillo

Los plátanos y los limones son de color amarillo. Píntalos. ¿Qué miembro de la Patrulla lleva un casco amarillo?

Atrévete a hacer limonada con ayuda de un adulto.

1  DE ZUMO DE  + 5  DE AGUA FRÍA + UN POCO DE AZÚCAR = 

¡Atrapa al intruso!

Observa los dibujos y señala en cada grupo la imagen que no tiene relación con las demás.

Conoce el triángulo

Los cachorros se relajan en la playa mientras esperan una misión. Después de los juegos, ¡vendrá el chapuzón! Sígue el triángulo con el dedo y trázalo.

Zuma quiere jugar con Rocky a los piratas. Píntalo.

Cómo hacer un castillo de arena:

1 LLENA EL CUBO DE ARENA HÚMEDA.

2 APLASTA LA ARENA CON LA PALA Y VUELCA EL CUBO.

¿Rocky va vestido de invierno o de verano? Colorea el triángulo correcto.

VERANO △ INVIERNO △

Señala en la imagen todos los **triángulos** que veas.

O de orejas

Sigue las letras con el dedo. Después, trázalas con el lápiz.

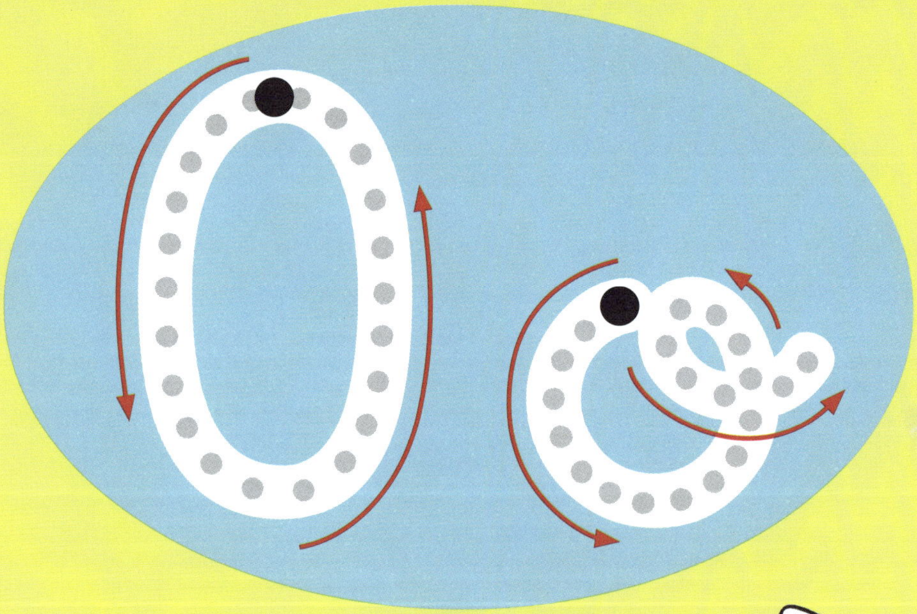

orejas

ojo

boca

cola

Traza las letras que faltan y di los nombres en voz alta. Colorea a Tracker.

¡Esto es un misterio!

Observa los objetos que hay arriba. Ahora, mira los que están abajo. ¿Qué objeto ha desaparecido?

¿Qué objeto sirve para iluminar? Señálalo y di su nombre.

Aprende el 7 y el 8

La gallina de la alcaldesa Goodway se ha perdido cerca del estanque. ¡Únete a la Patrulla y encuentra a Chickaletta!

¿Ha encontrado Rubble a Chickaletta?

SÍ ☐ NO ☐

¿Cuántas mariquitas hay? ¿Y nenúfares?

7 ☐ 8 ☐ 7 ☐ 8 ☐

Imita los sonidos de los animales que aparecen en la escena.

Descubre el...

rosa

El vestido de Katie combina rayas de color rosa claro y oscuro. Colorea de rosa la toalla de Skye.

Pinta el nombre de Skye con dos tonos de color rosa.

SKYE

¡Vaya travesura!

Los Gatitos Catastróficos lo han puesto todo patas arriba. Traza la línea y escribe cuántos objetos hay de cada color.

Conoce el óvalo y el rombo

Para poder llevar a cabo las misiones, los cachorros tienen que ser rápidos y astutos. Sígue el óvalo y el rombo con el dedo y trázalos.

Ve a la cocina y cuenta los huevos que hay. ¿Son redondos u ovalados?

¿Quién vuela una cometa en forma de rombo? Coloréalo.

U de unicornio

Sigue las letras con el dedo.
Después, trázalas con el lápiz.

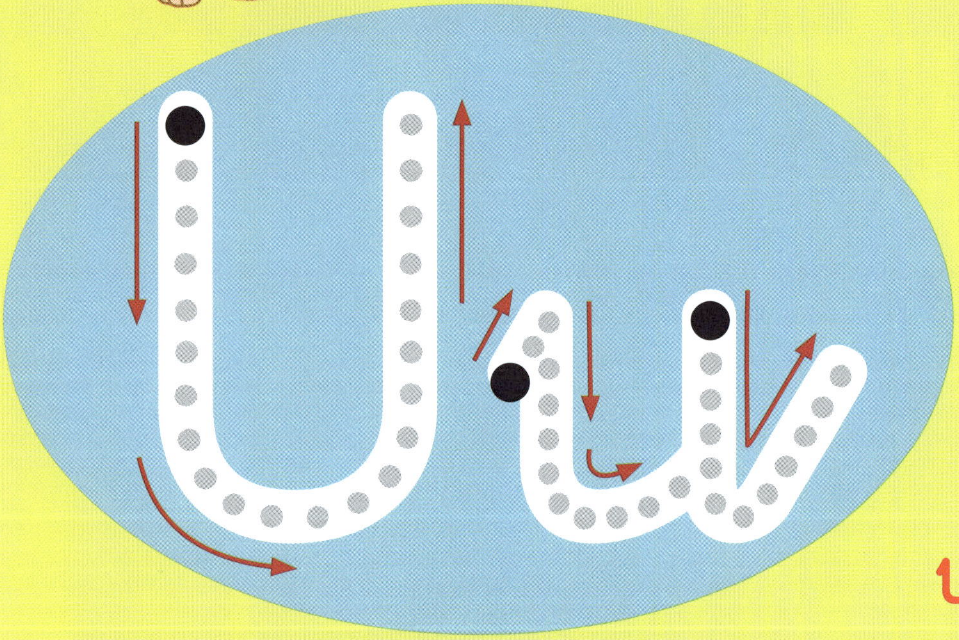

unicornio

Si Skye quiere cambiar a otro flotador que lleve la **U**, ¿cuál de estos elegirá?

flamenco

dinosaurio

Juega fuera del cuaderno

En casa, en el parque, en el autobús... Puedes jugar en cualquier lugar al veo, veo, con un amigo o varios. ¡A divertirse!

1 UNO DE LOS JUGADORES PIENSA EN UN OBJETO QUE ESTÉ A LA VISTA DE TODOS.

2 DESPUÉS DA UNA PISTA. POR EJEMPLO, "VEO UNA COSA QUE EMPIEZA POR LA LETRA A". LA PISTA PUEDE SER UNA LETRA, UN COLOR, UNA FORMA...

3 LOS JUGADORES TIENEN QUE ADIVINAR DE QUÉ OBJETO SE TRATA HACIENDO PREGUNTAS CUYA RESPUESTA SOLO PUEDE SER SÍ O NO.

4 QUIEN ACIERTE, GANA Y SERÁ EL SIGUIENTE EN PENSAR UN OBJETO.

Descubre el... verde

La cama y la mantita de Rocky son de color verde, igual que su gorra y su comedero. ¡Píntalos!

Fíjate en estas frutas y verduras. Pinta las que sabes que son de color verde.

brócoli

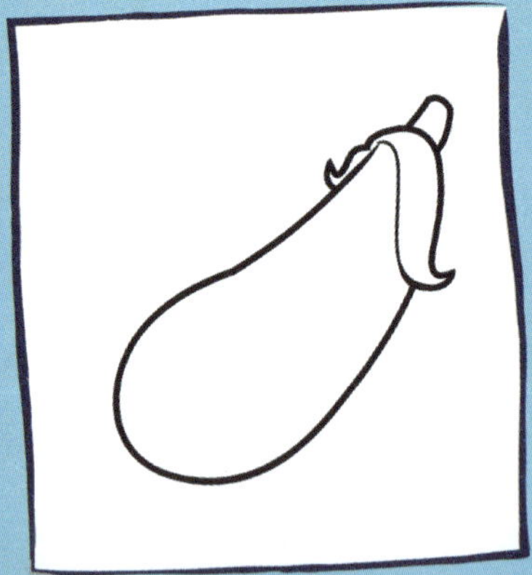

berenjena

calabacín

De tres en tres

Agrupa cada serie de objetos de tres en tres.

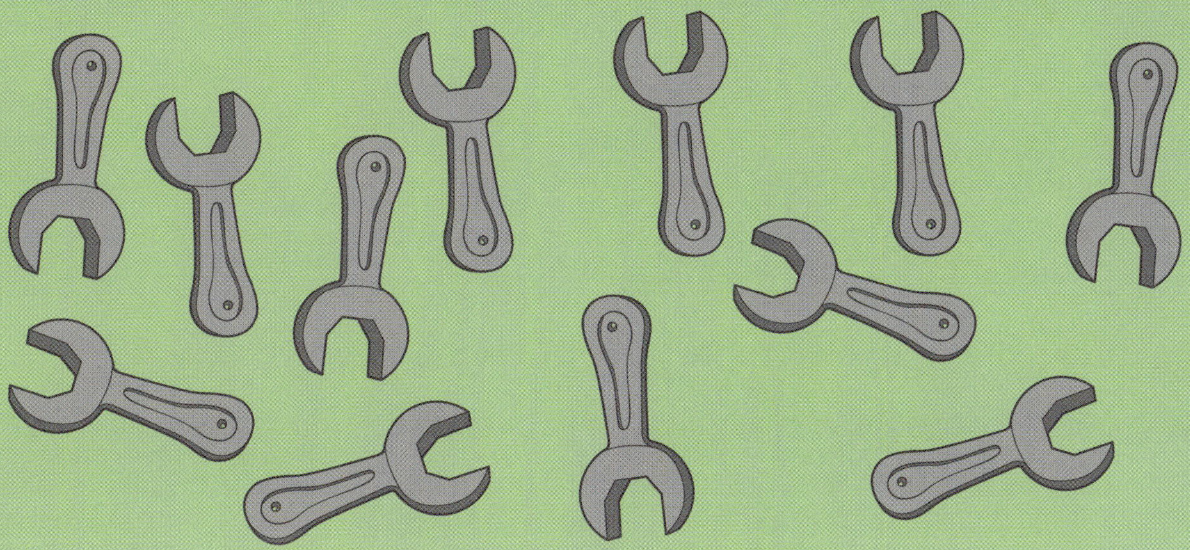

Aprende el 9

La Patrulla tiene una misión: inspeccionar el fondo del mar. Saca los colores y pinta a los cachorros. ¡A bucear se ha dicho!

¿Cuántos peces de color verde hay?

Alguien ha tirado una botella de plástico al agua. Grita «glu, glu» cuando la veas.

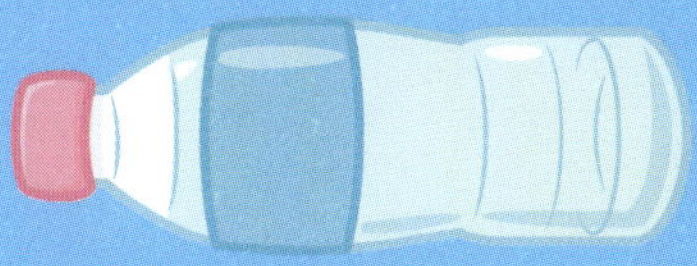

¡RECICLA!

Ideas para ampliar las actividades

LENGUAJE Y COMPRENSIÓN

El fomento de la lectura es primordial en todas las etapas del aprendizaje. A esta edad a tu hijo le encantan los cuentos y descubrir palabras nuevas. Con la lectura se amplía el vocabulario y se gana en comprensión.

Leer cuentos en voz alta, juegos de memoria, canciones, adivinanzas.

COMPETENCIA MATEMÁTICA

Actividades como ir al mercado, coger el transporte público o cruzar una calle son excelentes oportunidades para enseñar con el ejemplo conceptos como los números, las formas, las cantidades, el peso...

Sudokus, juegos de cartas, dominó, puzles, juegos de construcciones.

El juego desempeña un papel primordial en las primeras etapas del aprendizaje. Juega y diviértete con tu hijo.

EL MUNDO QUE ME RODEA

Descubrir el mundo que le rodea es algo fascinante para el niño. Motívale para que sienta curiosidad por aprender y procura que lo haga con entusiasmo y asertividad. Edúcale en la diversidad y la solidaridad.

Juguetes de roles para aprender oficios, juegos de mesa, jugar con otros niños y niñas.

EXPRESIÓN ARTÍSTICA

La expresión artística es una manera de comunicar sentimentos y pensamientos. Mediante el dibujo, la música, la danza o el lenguaje corporal, tu hijo está descubriendo el mundo a través de los sentidos.

Pintar con los dedos, hacer garabatos, crear un paisaje pegando papel.

EDUCAR EN VALORES

El respeto por los demás, la empatía, el cuidado del medioambiente, el amor por la naturaleza... son valores que conviene inculcar desde temprana edad. Aprovecha las rutinas diarias y las actividades en familia para fomentarlos desde una óptica positiva.

Teatro, disfraces, salida al parque, juegos en grupo.

¡Nos vamos de excursión!

Recorta las piezas de la página 47 y pégalas aquí.

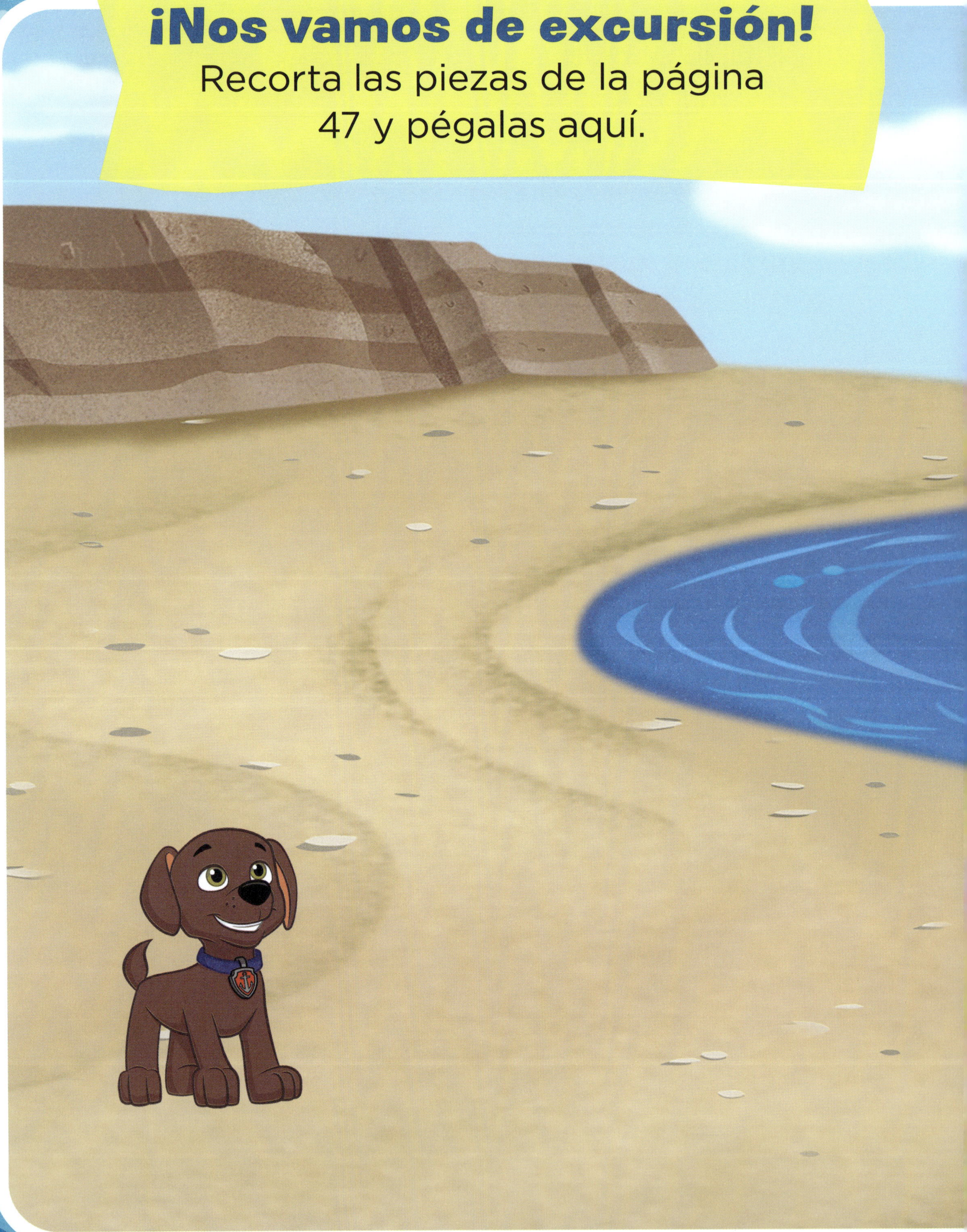

¡Manos a la obra!

Sigue estas instrucciones para recortar las imágenes de la página de al lado.

1 PIDE AYUDA A UN ADULTO.

2 COGE UNAS TIJERAS DE PUNTA REDONDA Y RECORTA CON CUIDADO LAS IMÁGENES POR LA LÍNEA DE PUNTOS.

3 PEGA LOS RECORTES EN EL ESCENARIO DE LA PÁGINA ANTERIOR.